nine yellow suns
neun gelbe Sonnen

ten orange teddy bears
zehn orange Teddybären

eleven pink flowers
elf rosa Blumen

twelve diamonds
zwölf Rauten

thirteen stars
dreizehn Sterne

fourteen squares
vierzehn Quadrate

fifteen circles
fünfzehn Kreise

sixteen triangles
sechzehn Dreiecke

seventeen ovals
siebzehn Ovale

eighteen cubes
achtzehn Würfel

nineteen cones
neunzehn Kegel

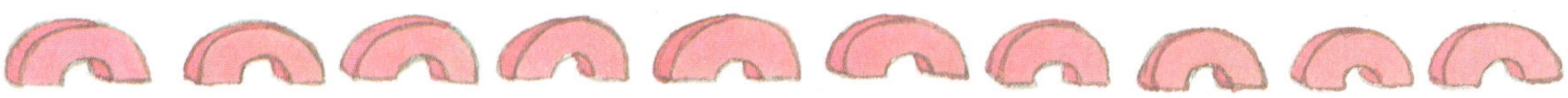

twenty crescents
zwanzig Halbmonde

one hundred balloons
hundert Luftballons

one thousand
eintausend

a million
eine Million

fifty cups
fünfzig Tassen

forty hats
vierzig Hüte

Englisch kinderleicht

John Grisewood

Illustrationen
Katy Sleight

Langenscheidt L

BERLIN · MÜNCHEN · WIEN · ZÜRICH · NEW YORK

Vorwort

Kinder empfinden eine natürliche Freude am Spiel mit der Sprache. Wenn man diesen Spieltrieb in der rechten Weise nutzt, kann man ihre sprachliche Entwicklung schon im frühen Alter positiv beeinflussen. Die Sprachpädagogik hat sich diese Erkenntnis im Rahmen des frühbeginnenden Fremdsprachenerwerbs zunutze gemacht und Überlegungen angestellt, wie der Spieltrieb des Kindes sinnvoll gefördert werden kann.

„Englisch kinderleicht" beruht auf diesen Überlegungen und vermittelt erste grundlegende Englischkenntnisse auf spielerische und motivierende Art und Weise. Behandelt werden Themenbereiche, die die Welt des Kindes ausmachen, Wörter, die ihm vertraut sind und die es problemlos in sein Leben einordnen kann. Ansprechend und kindgerecht werden die Themenbereiche auf einem doppelseitigen, vierfarbigen, lebendigen Szenenbild dargestellt. Das Kind entdeckt hier seine eigene Welt wieder, z. B. das Kinderzimmer, den Spielplatz, den Garten, einen Tag am Strand. Das Szenenbild ist von Abbildungen einzelner Gegenstände umrahmt, die z.T. dem Szenenbild entstammen. Das ist natürlich ein herrlicher Suchspaß, und so ganz nebenbei prägen sich die zur Abbildung gehörenden englischen Wörter ein.

In einer Zeit fallender Grenzen und wachsender Mobilität können die ersten Kontakte mit dem Englischen als der am weitesten verbreiteten Sprache der Welt gar nicht früh genug geknüpft werden. Mit „Englisch kinderleicht" wird dieser wichtige Schritt zu einem vergnüglichen Erlebnis.

Im Anhang befindet sich ein Wörterverzeichnis, in dem alle behandelten Wörter in alphabetischer Reihenfolge aufgeführt sind, und zwar Englisch–Deutsch und Deutsch–Englisch. Das Buch ist geeignet für Kinder zwischen 3 und 8 Jahren.

Bei einigen Übersetzungen steht ein Sternchen (z. B. teacher der Lehrer*). Das bedeutet, daß das englische Wort **teacher** außer der hier angegebenen Übersetzung **Lehrer** auch noch **Lehrerin** heißen kann. Entsprechendes gilt auch umgekehrt. Im Vokabelteil sind jeweils beide Formen angegeben.

Kingfisher Books

Auflage:	5.	4.	3.	2.	1.	Letzte Zahlen
Jahr:	1997	96	95	94	93	maßgeblich

Printed in Spain
ISBN 3-468-**20380**-2

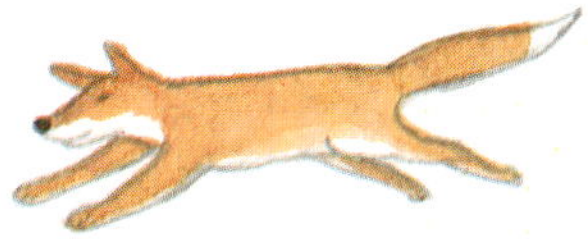

Contents / Inhalt

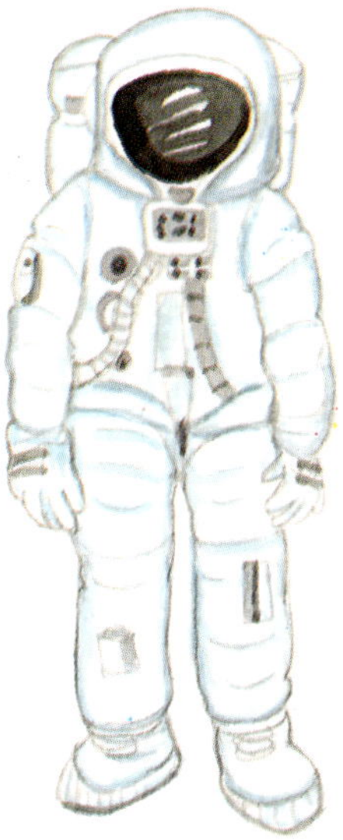

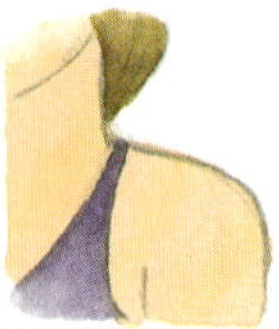
shoulder
die Schulter

toe
die Zehe

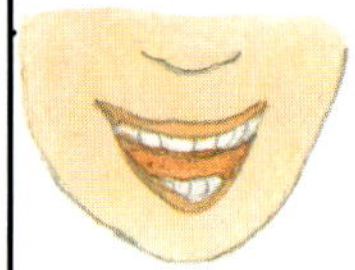
teeth
die Zähne

neck
der Hals

The body
Der Körper

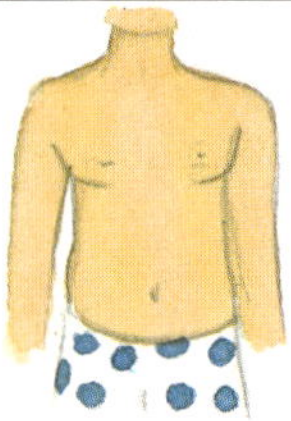
chest
die Brust

chin
das Kinn

finger
der Finger

arm
der Arm

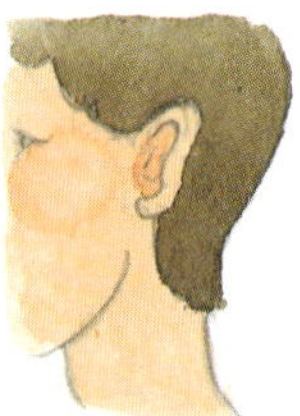
ear
das Ohr

four
vier

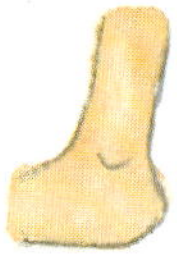

ankle
der Knöchel

thumb
der Daumen

nose
die Nase

eye
das Auge

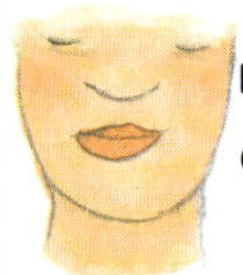

mouth
der Mund

tongue
die Zunge

beard
der Bart

whistle
die Pfeife

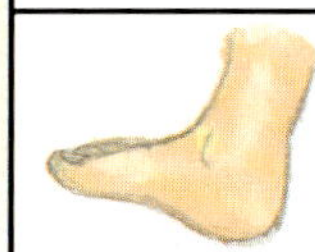

foot
der Fuß

cheek
die Wange

swing
die Schaukel

rug
der Läufer

bed
das Bett

fork
die Mistgabel

spade
der Spaten

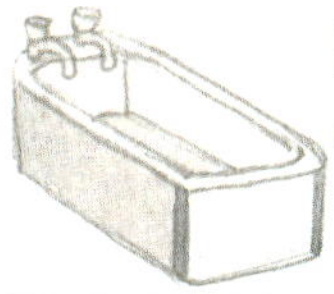

bath
die Badewanne

The house
Das Haus

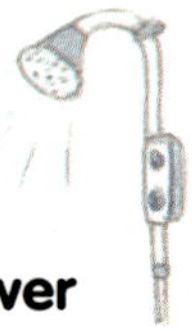

shower
die Dusche

window
das Fenster

clock
die Uhr

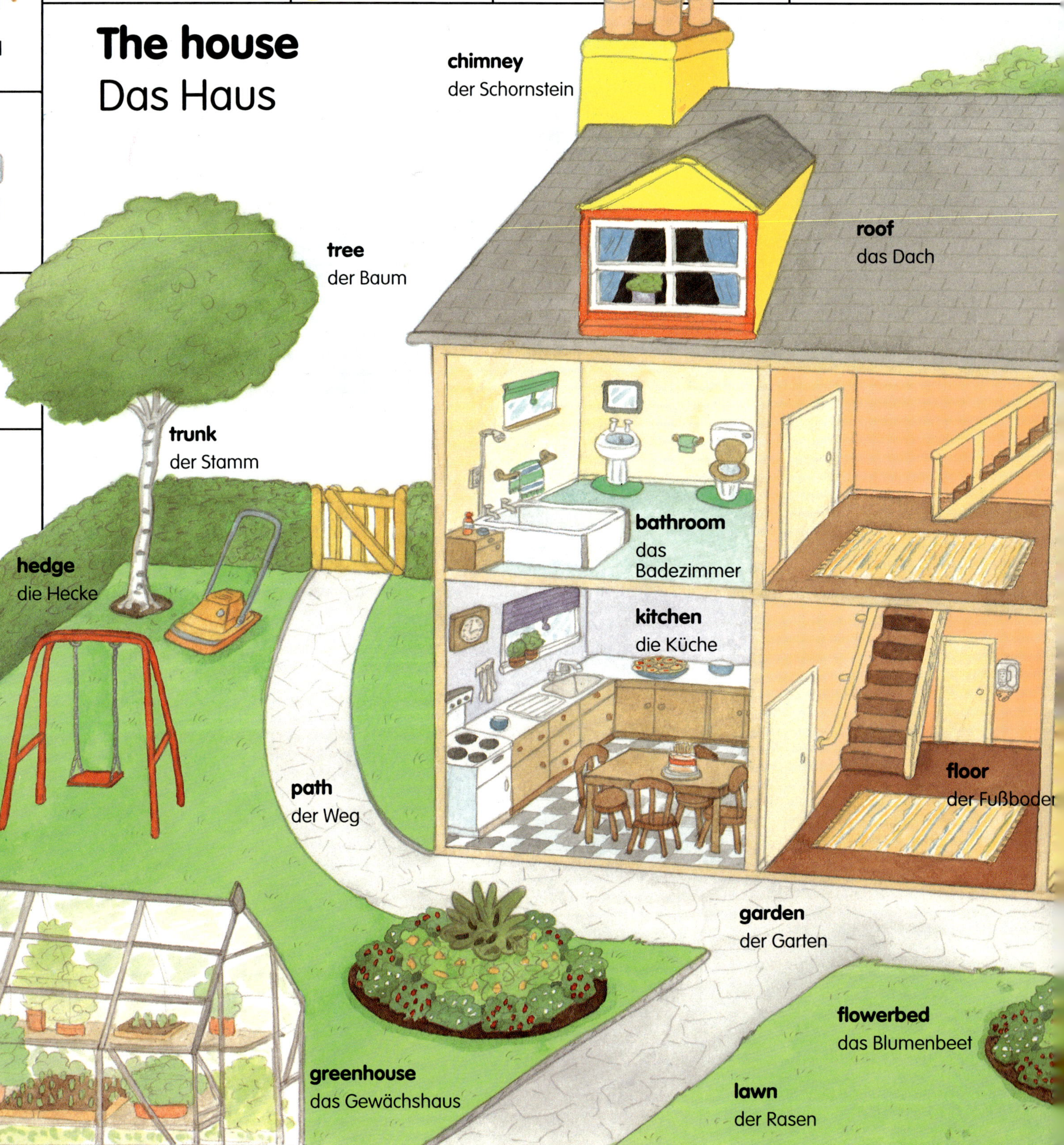

six
sechs

table
der Tisch

chair
der Stuhl

cooker
der Herd

television
der Fernseher

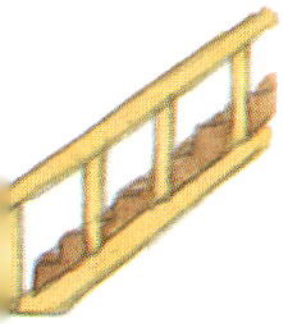

staircase
die Treppe

curtain
der Vorhang

aerial
die Antenne

sink
die Spüle

ladder
die Leiter

bookcase
der Bücherschrank

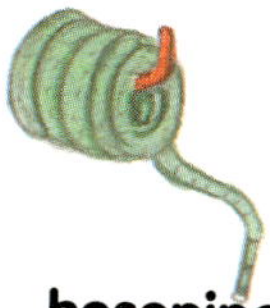

hosepipe
der Schlauch

picture
das Bild

lawnmower
der Rasenmäher

radio
das Radio

washbasin
das Waschbecken

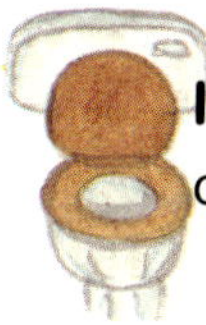

lavatory
die Toilette

watering can
die Gießkanne

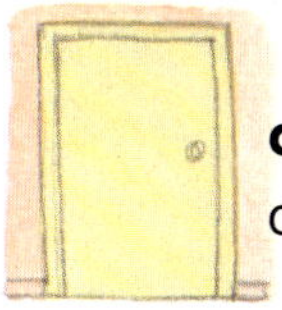

door
die Tür

seven
sieben

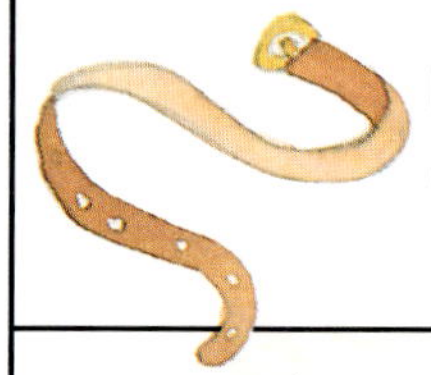

belt
der Gürtel

hairbrush
die Haarbürste

socks
die Socken

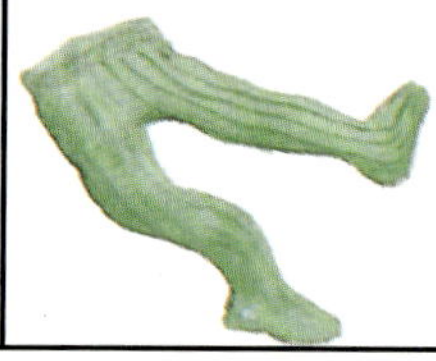

tights
die Strumpfhose

handkerchief
das Taschentuch

comb
der Kamm

umbrella
der Regenschirm

skirt
der Rock

vest
das Unterhemd

eight
acht

What shall we wear?
Was sollen wir anziehen?

picture
das Bild

bed
das Bett

tie
die Krawatte

hanger
der Kleiderbügel

backpack
der Rucksack

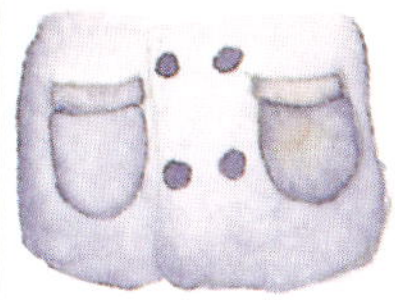

pocket
die Tasche

cloak
der Umhang

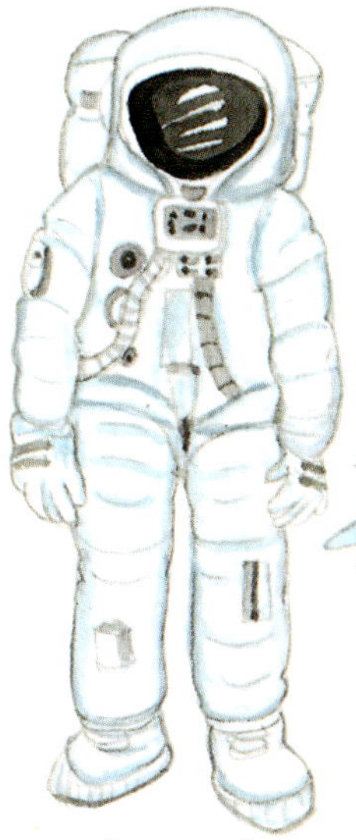

astronaut
der Astronaut*

firefighter
der Feuerwehrmann

ballet dancer
die Ballettänzerin*

helmet
der Helm

knight
der Ritter

collar
das Halsband

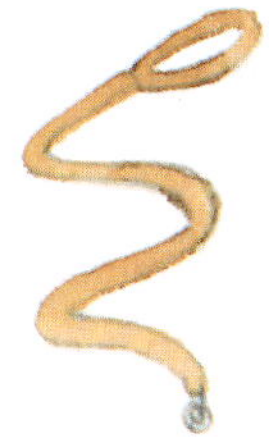

lead
die Leine

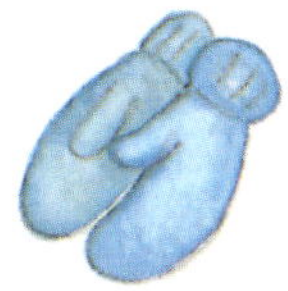

mittens
die Faust-
handschuhe

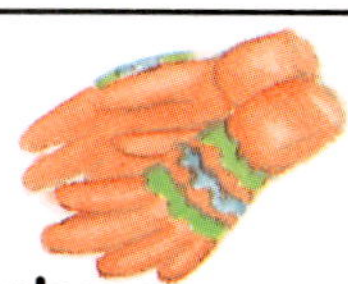

gloves
die Handschuhe

raincoat
der Regenmantel

cowgirl
das Cowgirl

balloon
der Luftballon

plate
der Teller

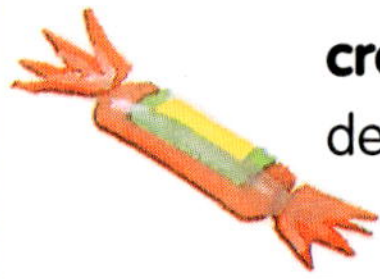

cracker
der Knallbonbon

cat
die Katze

A party
Eine Party

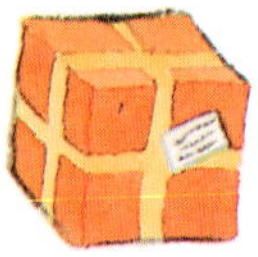

present
das Geschenk

card
die Karte

record
die Schallplatte

piano
das Klavier

ten
zehn

sandwich
das Sandwich

drinking straw
der Strohhalm

music
die Noten

bow tie
die Fliege

mask
die Maske

bottle
die Flasche

lantern
der Lampion

lollipop
der Lutscher

hamburger
der Hamburger

glass
das Glas

biscuit
der Keks

crisps
die Kartoffelchips

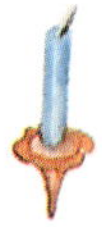

candle
die Kerze

camera
der Fotoapparat

paper chain
die Girlande

bow
die Schleife

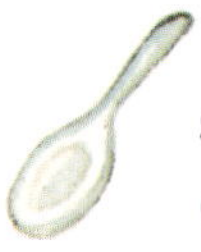

spoon
der Löffel

record player
der Plattenspieler

eleven
elf

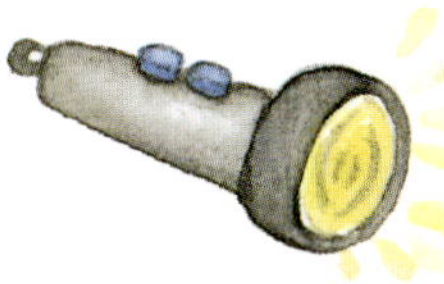

torch
die Taschenlampe

dominoes
das Dominospiel

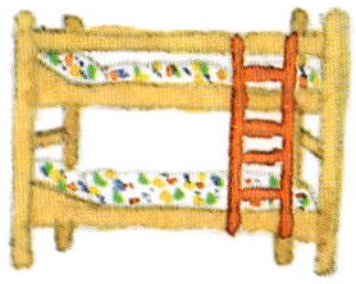

bunk
das Etagenbett

puppet
die Marionette

kite
der Drachen

satchel
die Schultasche

twelve
zwölf

Noah's Ark
die Arche Noah

spinning top
der Kreisel

paint
die Farbe

railway track
das Bahngleis

locomotive
die Lokomotive

aeroplane
das Flugzeug

toy building blocks
die Bauklötze

mobile
das Mobile

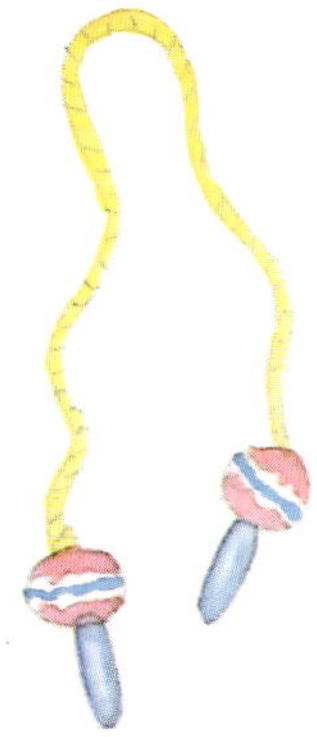

skipping rope
das Springseil

football
der Fußball

roller skates
die Rollschuhe

jigsaw puzzle
das Puzzle

thirteen
dreizehn

dolphin
der Delphin

fish
der Fisch

monkey
der Affe

spider
die Spinne

parrot
der Papagei

penguin
der Pinguin

butterfly
der Schmetterling

tiger
der Tiger

Noah's Ark
Die Arche Noah

fourteen
vierzehn

wolf
der Wolf

porcupine
das Stachelschwein

leopard
der Leopard

rhinoceros
das Nashorn

anteater
der Ameisenbär

sloth
das Faultier

tortoise
die Schildkröte

pelican
der Pelikan

bee
die Biene

giraffe
die Giraffe

donkey
der Esel

koala
der Koalabär

polar bear
der Eisbär

fifteen
fünfzehn

bonnet
die Motorhaube

canoe
ein Paddelboot

helmet
der Helm

wheel
ein Rad

helicopter
der Hubschrauber

barge
ein Lastkahn

tent
ein Zelt

caravan
ein Wohnwagen

On the move
Unterwegs

oil tanker
der Öltanker

steering wheel
das Lenkrad

windscreen
die Windschutzscheibe

control tower
ein Kontrollturm

duck
eine Ente

glider
ein Segelflugzeug

balloon
ein Ballon

seventeen
siebzehn

newsagent
ein Zeitungshändler

factory
die Fabrik

lorry
der Lastwagen

bridge
die Brücke

In the town
In der Stadt

our house
unser Haus

church
die Kirche

motorbike
das Motorrad

bus
der Autobus

aeroplane
das Flugzeug

cafe
das Café

statue
die Statue

hotel
das Hotel

telephone box
die Telefonzelle

cinema
das Kino

squirrel
das Eichhörnchen

tractor
der Traktor

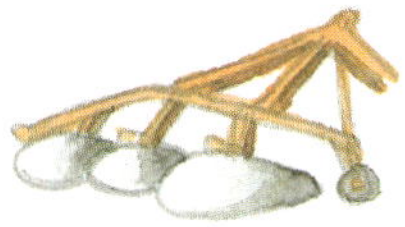

plough
der Pflug

hen house
der Hühnerstall

The countryside
Das Land

piglet
das Ferkel

twenty
zwanzig
20

bull
der Bulle

cowshed
der Kuhstall

hen
die Henne

farmer
die Bäuerin*

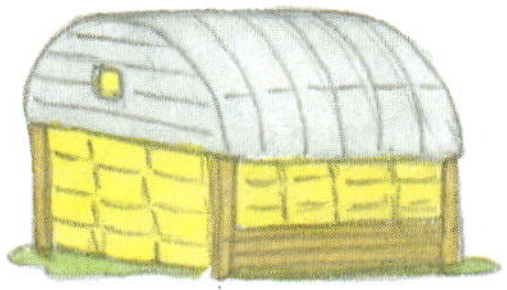

barn
die Scheune

hill
der Hügel

scarecrow
die Vogelscheuche

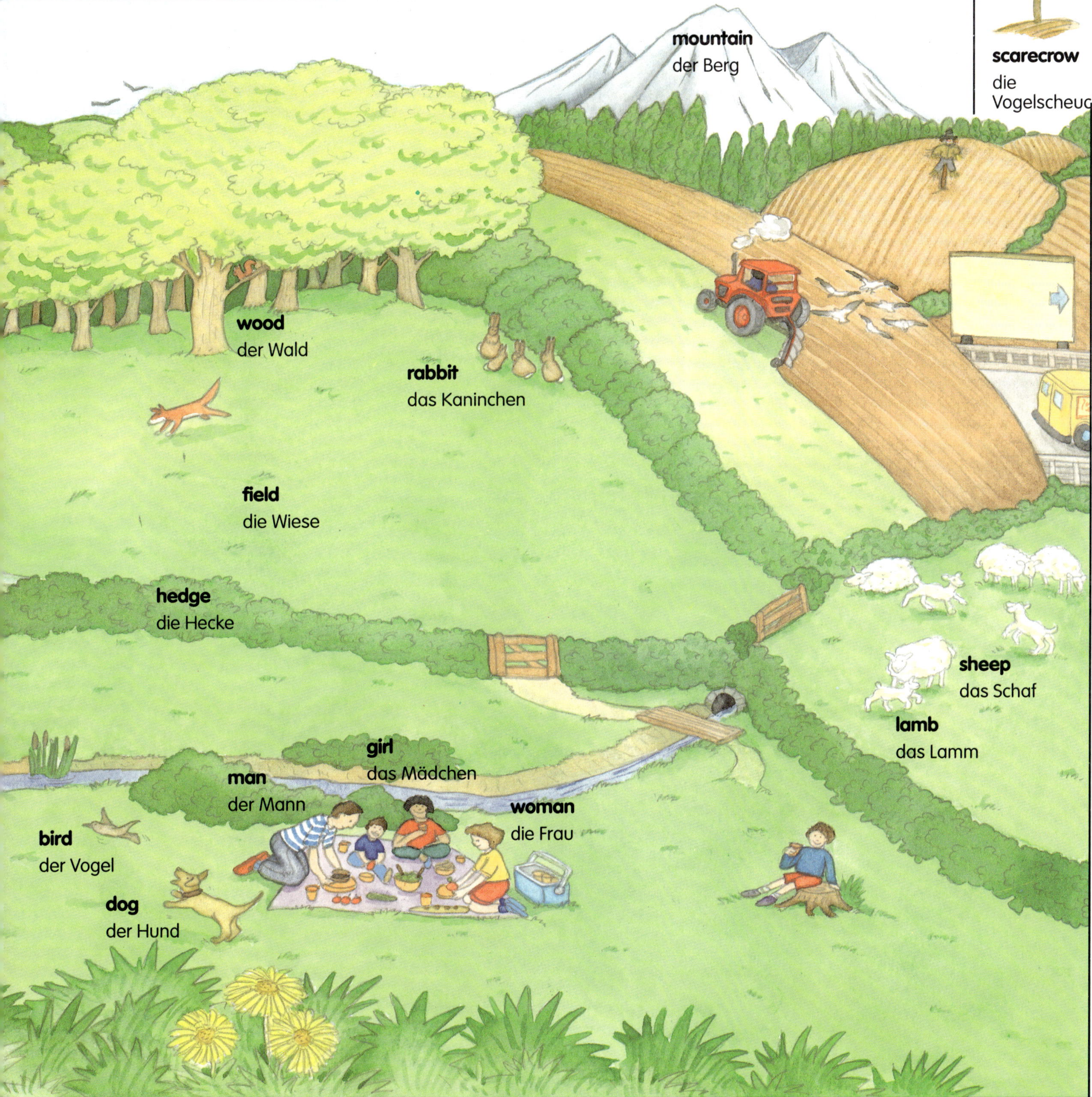

goose
die Gans

pig
das Schwein

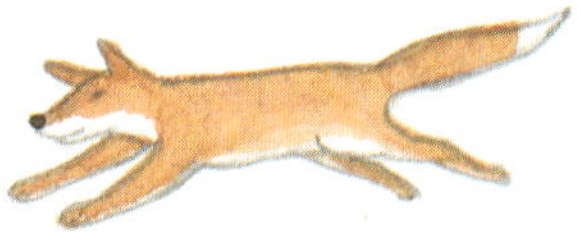

fox
der Fuchs

ship
das Schiff

sea
das Meer

beach ball
der Wasserball

beach hut
die Umkleidekabine

cliff
die Klippe

crab
der Krebs

surfer
der Surfer*

yacht
die Jacht

umbrella
der Sonnenschirm

At the beach
Am Strand

rock
der Felsen

life belt
der Rettungsring

wave
die Welle

cave
die Höhle

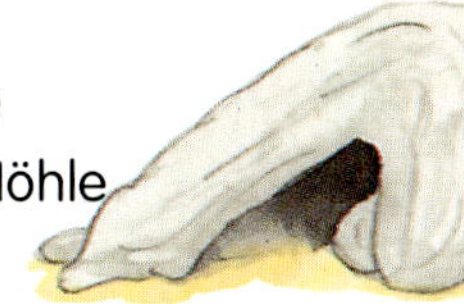

shell
die Muschel

bucket
der Eimer

seaweed
der Seetang

ice cream
das Eis

sand castle
die Sandburg

climb
klettern

talk
reden

break
kaputtmachen

hang
hängen

follow
folgen

What shall we do?
Was wollen wir machen?

carry
tragen

sit
sitzen

pick up
aufheben

pour
gießen

stand
stehen

castle
das Schloß

patient
der Patient*

palette
die Palette

saucepan
der Stieltopf

easel
die Staffelei

goal
das Tor

microphone
das Mikrophon

brother and sister
Bruder und Schwester

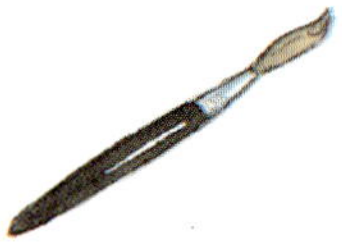
paintbrush
der Pinsel

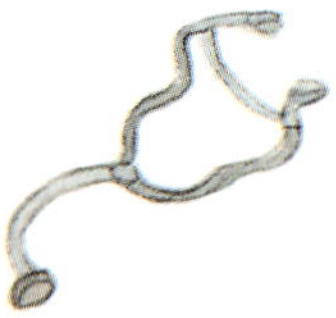
stethoscope
das Stethoskop

I want to be a ...
Ich möchte ... werden

stage
die Bühne

bandage
der Verband

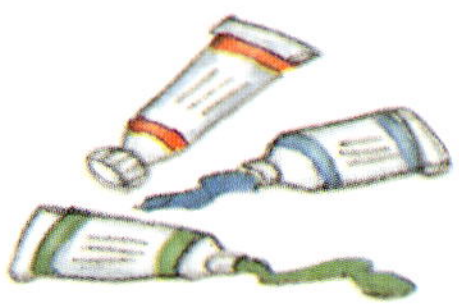
paint
die Farbe

bowl
die Schüssel

pupil
die Schülerin*

computer
der Computer

drums
das Schlagzeug

wastepaper basket
der Papierkorb

actress (actor)
die Schauspielerin
(der Schauspieler)

pilot
der Pilot

shop assistant
die Verkäuferin*

jockey's cap
die Jockeikappe

editor
die Redakteurin*

clown
der Clown

blackboard
die Wandtafel

teacher
der Lehrer*

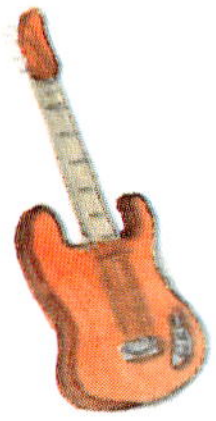
guitar
die Gitarre

customer
die Kundin*

bricklayer
der Maurer

cook
die Köchin*

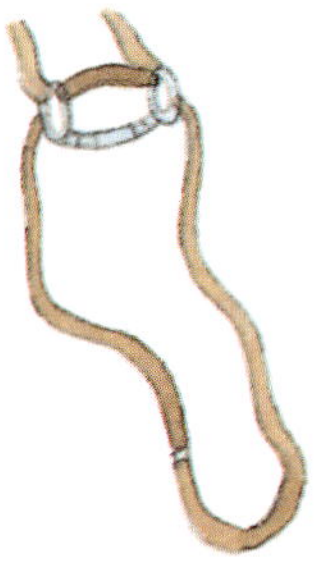
reins
die Zügel

saddle
der Sattel

safety helmet
der Schutzhelm

brick
der Ziegelstein

food mixer
die Küchen-
maschine

baby
das Baby

box
die Schachtel

lamp
die Lampe

penguin
der Pinguin

bottle
die Flasche

skyscraper
der Wolkenkratzer

Opposites
Gegensätze

long
lang

short
kurz

warm
warm

cold
kalt

old
alt

new
neu

deep
tief

shallow
seicht

wet
naß

dry
trocken

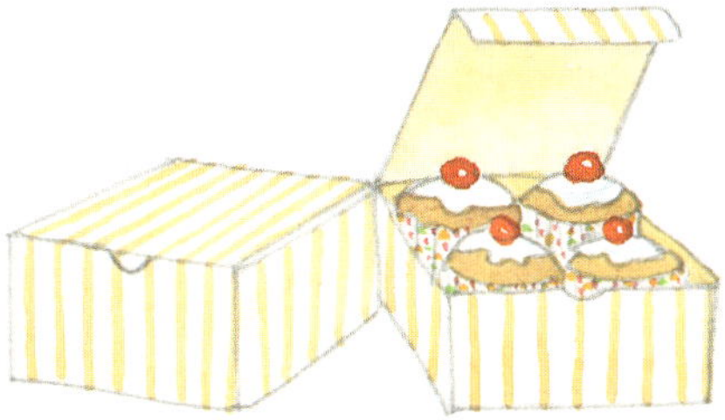

shut
geschlossen

open
offen

fat
dick

thin
dünn

alive
am Leben

dead
tot

low
niedrig

high
hoch

cottage
die Hütte

blackboard
die Wandtafel

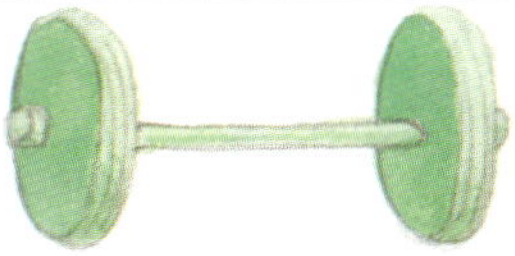

weight
das Gewicht

cactus
der Kaktus

stool
der Schemel

puddle
die Pfütze

sour
sauer

sweet
süß

slow
langsam

fast
schnell

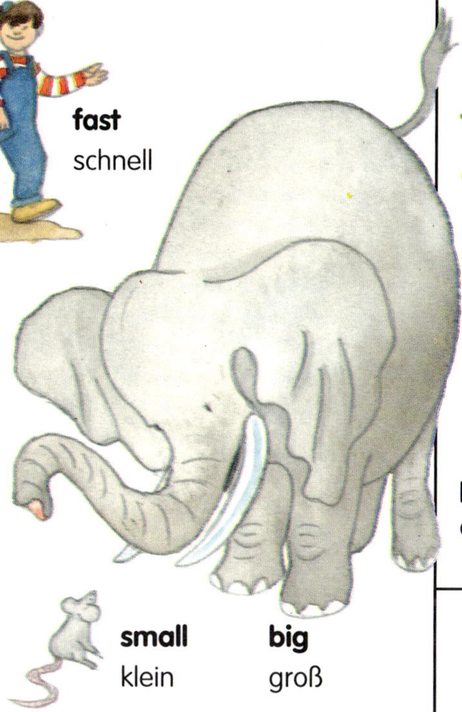

small
klein

big
groß

palm
die Palme

obedient
gehorsam

naughty
ungezogen

dark
dunkel

light
hell

cook
der Koch*

strong
stark

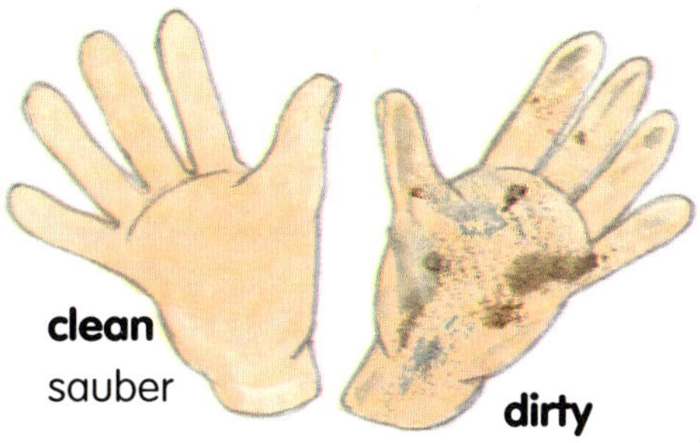

clean
sauber

dirty
schmutzig

hard
hart

soft
weich

weak
schwach

full
voll

empty
leer

easy
einfach

difficult
schwer

waitress (waiter)
die Kellnerin (der Kellner)

iceberg
der Eisberg

lemon
die Zitrone

bar of chocolate
eine Tafel Schokolade

I
ich

you
du, ihr, Sie

he
er

she
sie

we
wir

they
sie

gate
die Pforte

steps
die Treppe

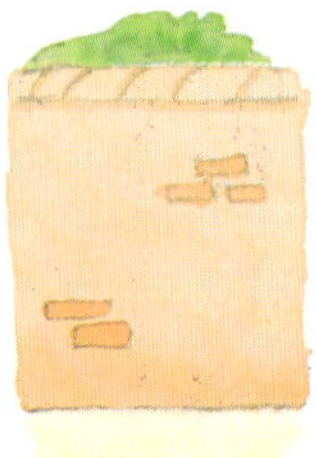
wall
die Mauer

Where are you?
Wo bist du?

climbing frame
Klettergerüst

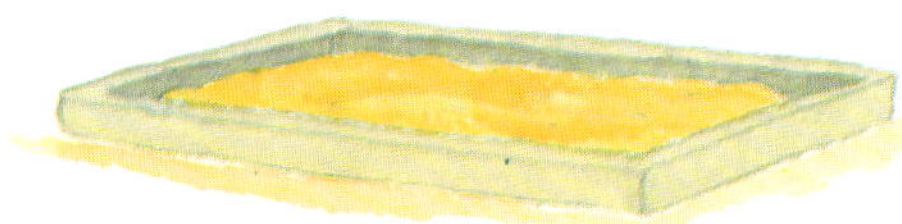
sand pit
der Sandkasten

three little words
drei kleine Wörter

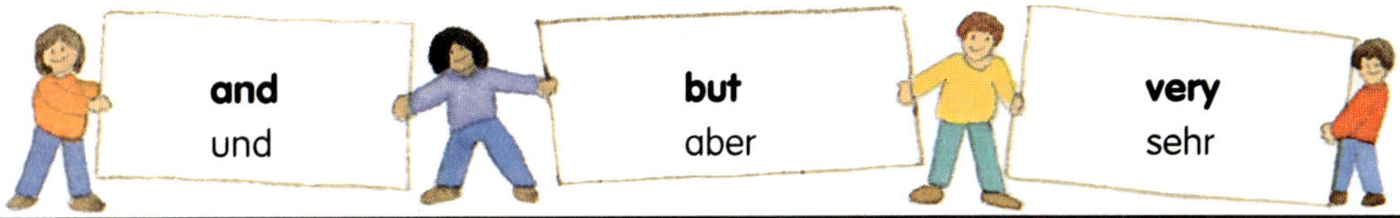

bench
die Bank

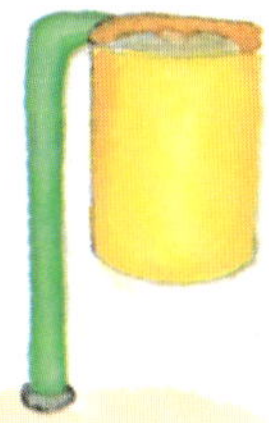
litterbin
der Abfallkorb

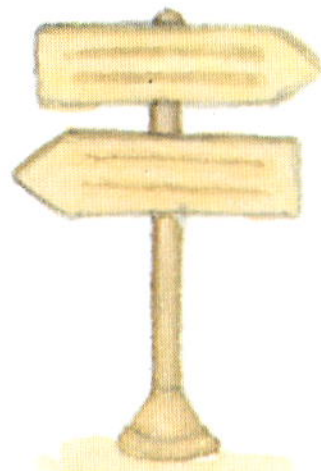
signpost
der Wegweiser

slide
die Rutschbahn

pipe
die Röhre

seesaw
die Wippe

sledge
der Schlitten

rain
der Regen

snow
der Schnee

snowman
der Schneemann

wind
der Wind

What's the weather like?
Wie ist das Wetter?

year
das Jahr

seasons
die Jahreszeiten

the months
die Monate

January Januar	**May** Mai	**September** September
February Februar	**June** Juni	**October** Oktober
March März	**July** Juli	**November** November
April April	**August** August	**December** Dezember

spring
der Frühling

It's a nice day today.
Heute ist ein schöner Tag.

summer
der Sommer

It is warm.
Es ist warm.

autumn
der Herbst

It is windy.
Es ist windig.

winter
der Winter

It is cold.
Es ist kalt.

daffodil
die Osterglocke

rainbow
der Regenbogen

cock
der Hahn

morning
der Morgen

afternoon
der Nachmittag

evening
der Abend

night
die Nacht

It is quarter past eight.
Es ist Viertel nach acht.

day
der Tag

week
die Woche

It is seven o'clock.
Es ist sieben Uhr.

Monday
Montag

Tuesday
Dienstag

Wednesday
Mittwoch

Thursday
Donnerstag

Friday
Freitag

Saturday
Samstag

Sunday
Sonntag

It is twelve noon.
Es ist zwölf Uhr Mittag.

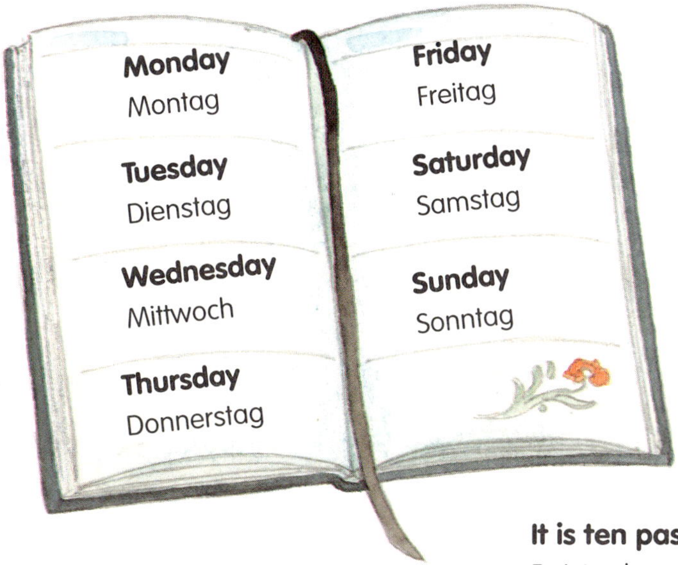

It is five to three.
Es ist fünf vor drei.

It is ten past nine.
Es ist zehn nach neun.

It is half past five.
Es ist halb sechs.
Es ist fünf Uhr dreißig.

leaf
das Blatt

moon
der Mond

alarm clock
der Wecker

owl
die Eule

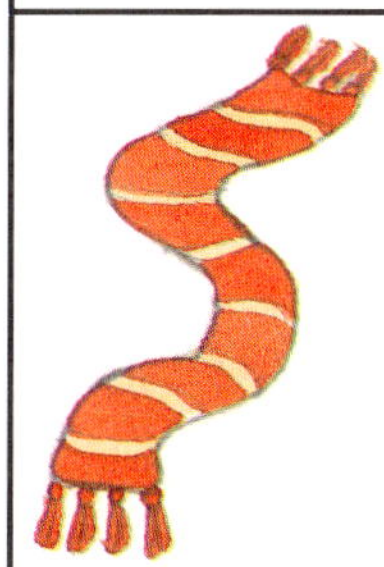

scarf
der Schal

diary
der Taschen-kalender

yesterday
gestern

today
heute

tomorrow
morgen

Where?
Wo?

How much/ How many?
Wieviel?
Wie viele?

When?
Wann?

Why?
Warum?

How are things?
Wie geht's?

Have you ...?
Haben Sie ...?

Is there ...?
Gibt es dort ...?

Do you speak German/English?
Sprechen Sie Deutsch/Englisch?

I have
ich habe

you have
du hast

he has
er hat

she has
sie hat

First phrases
Erste Redewendungen

Hello. How are you?
Guten Tag. Wie geht es Ihnen?
Wie geht es dir?

Excuse me
Entschuldigung

Goodbye. See you soon.
Auf Wiedersehen. Bis bald.

How old are you?
Wie alt sind Sie?
Wie alt bist du?

I am ninety years old.
Ich bin neunzig Jahre alt.

What's your name?
Wie heißen Sie?
Wie heißt du?

What time is it, please?
Wie spät ist es bitte?
It is six o'clock.
Es ist sechs Uhr.

we have
wir haben

you have
ihr habt

they have
sie haben

you have
Sie haben/du hast

I am
ich bin

you are
du bist/Sie sind

he is
er ist

she is
sie ist

we are
wir sind

you are
ihr seid

they are
sie sind

please
bitte

thank you
danke

Mr Smith
Herr Schmidt

man
der Mann

father
der Vater

Mrs Smith
Frau Schmidt

woman
die Frau

mother
die Mutter

Miss Smith
Fräulein Schmidt

girl
das Mädchen

daughter
die Tochter

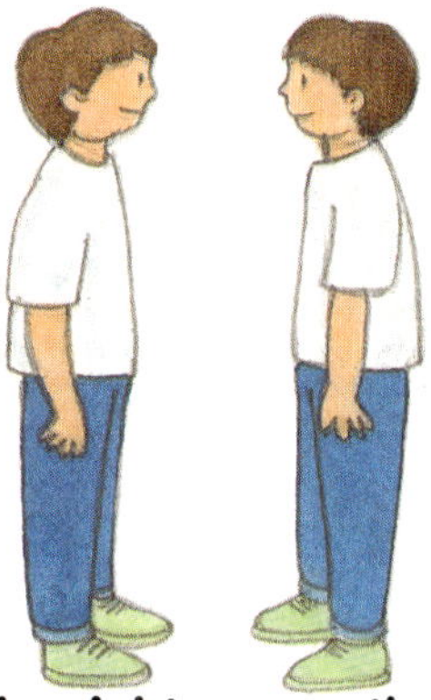

on the right
auf der rechten Seite

on the left
auf der linken Seite

straight ahead
geradeaus

behind
hinter

in front of
vor

open
offen

closed
geschlossen

I am hungry.
Ich habe Hunger.

I am thirsty.
Ich habe Durst.

Word list/Wörterverzeichnis

English – German

actor der Schauspieler
actress die Schauspielerin
aerial die Antenne
aeroplane das Flugzeug
afternoon der Nachmittag
airport der Flughafen
alarm clock der Wecker
alive am Leben
among unter
and und
ankle der Knöchel
anteater der Ameisenbär
April April
arm der Arm
armchair der Sessel
articulated lorry ein Sattelschlepper
artist der Künstler/die Künstlerin
astronaut der Astronaut/die Astronautin
at am
August August
autumn der Herbst

baby das Baby
back der Rücken
backpack der Rucksack
ballet dancer der Balletttänzer/die Balletttänzerin
balloon der Luftballon; ein Ballon
band die Band
bandage der Verband
barge der Lastkahn
bar of chocolate eine Tafel Schokolade
barn die Scheune
bat die Fledermaus
bath die Badewanne
bathroom das Badezimmer
beach der Strand
beach ball der Wasserball
beach hut die Umkleidekabine
beard der Bart
bed das Bett
bedroom das Schlafzimmer
bee die Biene
behind hinter
belt der Gürtel
bench die Bank
beside neben
bicycle das Fahrrad
big groß
bird der Vogel
biscuit der Keks
blackboard die Wandtafel
body der Körper
bonnet die Motorhaube
book das Buch
bookcase der Bücherschrank
bottle die Flasche
bow die Schleife
bowl die Schüssel
box die Schachtel
boy der Junge
break kaputtmachen
bricklayer der Maurer
bridge die Brücke
broom der Besen
brother der Bruder
bucket der Eimer
bull der Bulle
bus der Autobus
but aber
butterfly der Schmetterling

cactus der Kaktus
café, cafe das Café
cake der Kuchen
camel das Kamel
camera der Fotoapparat
canal der Kanal
candle die Kerze
canoe ein Paddelboot
car das Auto
caravan ein Wohnwagen
card die Karte
carriage ein Wagen
carry tragen
castle das Schloß
cat die Katze
catch fangen
cave die Höhle
cement mixer eine Betonmischmaschine
chair der Stuhl
cheek die Wange
chest die Brust
child das Kind
children die Kinder
chimney der Schornstein
chin das Kinn
church die Kirche
cinema das Kino
clean sauber
cliff die Klippe
climb klettern
cloak der Umhang
clock die Uhr
cloud die Wolke
clown der Clown
cock der Hahn
cold kalt
collar das Halsband
comb der Kamm
computer der Computer
control tower ein Kontrollturm
cook der Koch/die Köchin
cooker der Herd
cottage die Hütte
countryside das Land
cowshed der Kuhstall
crab der Krebs
cracker der Knallbonbon
crisps die Kartoffelchips
cry weinen
curtain der Vorhang
customer die Kundin/der Kunde
cyclist die Radfahrerin/der Radfahrer

daffodil die Osterglocke
daughter die Tochter
day der Tag
dead tot
December Dezember
deckchair der Liegestuhl
deep tief
deer der Hirsch
diary der Taschenkalender
difficult schwer
dirty schmutzig
do machen
doctor der Arzt/die Ärztin
dog der Hund
doll's house das Puppenhaus
dolphin der Delphin
dominoes das Dominospiel
donkey der Esel
door die Tür
dress das Kleid
dressing gown der Morgenrock
drink trinken
drinking straw der Strohhalm
driver der Fahrer
drop absetzen
drums das Schlagzeug
dry trocken
duck eine Ente
duvet das Federbett

eagle der Adler
ear das Ohr
easel die Staffelei
easy einfach
eat essen
editor die Redakteurin/der Redakteur
elbow der Ellbogen
empty leer
evening der Abend
eye das Auge

face das Gesicht
factory die Fabrik
far weit
farmer die Bäuerin/der Bauer
farmyard der Hof
fat dick
father der Vater
February Februar
field das Feld; die Wiese
finger der Finger
firefighter der Feuerwehrmann
fire station die Feuerwache
first erster/erste/erstes
fish der Fisch
fisherman der Fischer
fishing rod die Angelrute
flag die Flagge
flats die Wohnungen
floor der Fußboden
flowerbed das Blumenbeet
follow folgen
food das Essen
food mixer die Küchenmaschine
foot der Fuß
football der Fußball
footballer der Fußballspieler/die Fußballspielerin
fork die Mistgabel
fox der Fuchs
Friday Freitag
full voll

garage die Garage

garden	der Garten
gate	die Pforte
giraffe	die Giraffe
girl	das Mädchen
glass	das Glas
glider	ein Segelflugzeug
glove	der Handschuh
goal	das Tor
goat	die Ziege
Goodbye	Auf Wiedersehen
goose	die Gans
greenhouse	das Gewächshaus
guitar	die Gitarre
hair	das Haar
hairbrush	die Haarbürste
hamburger	der Hamburger
hand	die Hand
handkerchief	das Taschentuch
hang	hängen
hanger	der Kleiderbügel
hard	hart
hat	der Hut
he	er
head	der Kopf
hedge	die Hecke
helicopter	der Hubschrauber
Hello	Guten Tag
helmet	der Helm
hen	die Henne
hen house	der Hühnerstall
high	hoch
hill	der Hügel
hit	treffen
hold	halten
hood	die Kapuze
horse	das Pferd
hosepipe	der Schlauch
hot	heiß
hotel	das Hotel
hour	die Stunde
house	das Haus
hovercraft	ein Luftkissenfahrzeug
hungry	hungrig
I	ich
iceberg	der Eisberg
ice cream	das Eis
in front of	vor
inside	drinnen
into	in
island	die Insel
January	Januar
jelly	der Wackelpudding
jigsaw	das Puzzle
jockey	der Jockei
jockey's cap	die Jockeikappe
jogger	ein Jogger
July	Juli
jump	springen
jumper	der Pullover
June	Juni
kangaroo	das Känguruh
kick	treten
kitchen	die Küche
kite	der Drachen
knee	das Knie
knight	der Ritter
koala	der Koalabär
lamb	das Lamm
lamppost	der Laternenpfahl
lantern	der Lampion
last	letzter/letzte/letztes
lavatory	die Toilette
lawn	der Rasen
lawnmower	der Rasenmäher
lead	die leine
leaf	das Blatt
lean	sich anlehnen
leg	das Bein
lemon	die Zitrone
leopard	der Leopard
life belt	der Rettungsring
lighthouse	der Leuchtturm
lion	der Löwe
lioness	die Löwin
listen	hören
litterbin	der Abfallkorb
little	klein
locomotive	die Lokomotive
lollipop	der Lutscher
long	lang
look for	suchen
lorry	der Lastwagen
low	niedrig
man	der Mann
March	März
mask	die Maske
May	Mai
microphone	das Mikrophon
mirror	der Spiegel
Miss ...	Fräulein ...
mobile	das Mobile
Monday	Montag
monkey	der Affe
month	der Monat
moon	der Mond
morning	der Morgen, der Vormittag
mother	die Mutter
motorbike	das Motorrad
motorboat	das Motorboot
motorway	die Autobahn
mountain	der Berg
mouth	der Mund
Mr ...	Herr ...
Mrs ...	Frau ...
music	die Noten
naughty	ungezogen
near	nahe
neck	der Hals
new	neu
newsagent	ein Zeitungshändler
nice	schön
night	die Nacht
nightdress	das Nachthemd
Noah	Noah
Noah's ark	die Arche Noah
Noah's wife	Noah's Frau
nose	die Nase
November	November
obedient	gehorsam
October	Oktober
oil tanker	der Öltanker
old	alt
on	auf
open	offen; öffnen
opposites	Gegensätze
ostrich	der Strauß
out of	aus
outside	draußen
over	über
overcoat	der Mantel
owl	die Eule
paddle	ein Paddel
paint	die Farbe
paintbrush	der Pinsel
painting	das Bild
palette	die Palette
palm tree	die Palme
paper chain	die Girlande
paper hat	der Papierhut
parrot	der Papagei
path	der Weg
patient	der Patient/die Patientin
pavement	der Bürgersteig
pelican	der Pelikan
penguin	der Pinguin
petrol station	die Tankstelle
phrase	Redewendung
piano	das Klavier
pick up	aufheben
picture	das Bild
pig	das Schwein
pillow	das Kissen
pilot	der Pilot
pipe	die Röhre
plant	die Pflanze
plate	der Teller
play	spielen
please	bitte
plough	der Pflug
pocket	die Tasche
polar bear	der Eisbär
pony	das Pony
porcupine	das Stachelschwein
pour	gießen
present	das Geschenk
private	privat
puddle	die Pfütze
pull	ziehen
pullover	der Pullover
pupil	die Schülerin/der Schüler
puppet	die Marionette
puppy	der junge Hund
push	drücken
pyjama	der Schlafanzug
rabbit	das Kaninchen
radio	das Radio
railing	das Geländer
railway track	das Bahngleis
rain	der Regen
rainbow	der Regenbogen
raincoat	der Regenmantel
read	lesen
record	die Schallplatte
record player	der Plattenspieler
reins	die Zügel
rhinoceros	das Nashorn
river	ein Fluß
road	die Straße
rock	der Felsen
roller skate	die Rollschuhe
roof	das Dach
rowing boat	das Ruderboot
rubber boots	die Gummistiefel
rug	der Läufer
run	laufen
saddle	der Sattel
safety helmet	der Schutzhelm
sail	das Segel
sailor	der Seemann
sand	der Sand

sandcastle	die Sandburg
sandpit	der Sandkasten
sandwich	das Sandwich
satchel	die Schultasche
Saturday	Samstag
saucepan	der Stiltopf
scarecrow	die Vogelscheuche
scarf	der Schal
sea	das Meer
seagull	die Möwe
seasons	die Jahreszeiten
seaweed	der Seetang
seesaw	die Wippe
September	September
shallow	seicht
she	sie
sheep	das Schaf
shelf, shelves	das Regal
shell	die Muschel
ship	das Schiff
shirt	das Hemd
shoe	der Schuh
shop assistant	die Verkäuferin/ der Verkäufer
short	kurz
shoulder	die Schulter
shout	anschreien
shower	die Dusche
signpost	der Wegweiser
singer	die Sängerin/der Sänger
sink	die Spüle
sister	die Schwester
sit	sitzen
sitting room	das Wohnzimmer
skip	seilspringen
skipping rope	das Springseil
skirt	der Rock
sky	der Himmel
skyscraper	der Wolkenkratzer
sledge	der Schlitten
sleep	schlafen
slipper	der Hausschuh
sloth	das Faultier
slow	langsam
smile	lächeln
snake	die Schlange
snow	der Schnee
snowman	der Schneemann
socks	die Socken
sofa	das Sofa
soft	weich
soldier	der Soldat
sour	sauer
spade	die Schaufel; der Spaten
spider	die Spinne
spinning top	der Kreisel
spoon	der Löffel
spring	der Frühling
squirrel	das Eichhörnchen
stage	die Bühne
staircase	die Treppe
stand	stehen
station	der Bahnhof
statue	die Statue
steering wheel	das Lenkrad
stethoscope	das Stethoskop
stomach	der Bauch
stool	der Schemel
straight ahead	geradeaus
summer	der Sommer
sun	die Sonne
Sunday	Sonntag
sunglasses	die Sonnenbrille
supermarket	der Supermarkt
surfboard	das Surfbrett
surfer	der Surfer/die Surferin
sweater	der Pullover
sweet	süß
swimming pool	das Schwimmbecken
swing	die Schaukel
table	der Tisch
tail	der Schwanz
talk	reden
teacher	der Lehrer/die Lehrerin
tear	zerreißen
teddy bear	der Teddybär
teeth	die Zähne
telephone box	die Telefonzelle
television	der Fernseher
tent	ein Zelt
thank you	danke
the	der, die, das
they	sie
think	denken
thirsty	durstig
through	durch
throw	werfen
thumb	der Daumen
Thursday	Donnerstag
tie	die Krawatte
tiger	der Tiger
tights	die Strumpfhose
today	heute
toe	die Zehe
tomorrow	morgen
tongue	die Zunge
torch	die Taschenlampe
tortoise	die Schildkröte
town	die Stadt
town centre	Zentrum
toy box	die Spielzeugkiste
toy building blocks	die Bauklötze
tractor	der Traktor
traffic	der Verkehr
train	der Zug
tree	der Baum
tricycle	das Dreirad
trousers	die Hose
trowel	die Pflanzkelle
trunk	der Stamm
Tuesday	Dienstag
tyre	ein Reifen
umbrella	der Regenschirm; der Sonnenschirm
under	unter
underpants	die Unterhose
up	hinauf
van	ein Lieferwagen
very	sehr
village	das Dorf
waiter	der Kellner
waitress	die Kellnerin
wall	die Mauer
want	wollen
wardrobe	der Kleiderschrank
warm	warm
washbasin	das Waschbecken
wastepaper basket	der Papierkorb
watch	zuschauen
watering can	die Gießkanne
wave	die Welle
we	wir
wear	anziehen
weather	das Wetter
Wednesday	Mittwoch
week	die Woche
weight	das Gewicht
wellies	die Gummistiefel
wet	naß
wheel	ein Rad
wheelbarrow	der Schubkarren
when?	wann?
where?	wo?
whistle	die Pfeife
why?	warum?
wife	die (Ehe)Frau
wind	der Wind
windmill	die Windmühle
window	das Fenster
windscreen	die Windschutzscheibe
winter	der Winter
with	mit
without	ohne
wolf	der Wolf
woman	die Frau
wood	der Wald
word	ein Wort
write	schreiben
yacht	die Jacht
year	das Jahr
yesterday	gestern

German – English

der Abend	evening
aber	but
der Abfallkorb	litterbin
absetzen	drop
der Adler	eagle
der Affe	monkey
alt	old
am	at
der Ameisenbär	anteater
am Leben	alive
die Angelrute	fishing rod
sich anlehnen	lean
anschreien	shout
die Antenne	aerial
anziehen	wear
April	April
die Arche Noah	Noah's ark
der Arm	arm
der Arzt/die Ärztin	doctor
der Astronaut/ die Astronautin	astronaut
auf	on
aufheben	pick up
Auf Wiedersehen	Goodbye
das Auge	eye
August	August
aus	out of
das Auto	car
die Autobahn	motorway
der Autobus	bus
das Baby	baby
die Badewanne	bath

das Badezimmer	bathroom
das Bahngleis	railway track
der Bahnhof	station
die Ballettänzerin/ der Balletttänzer	ballet dancer
ein Ballon	balloon
die Band	band
die Bank	bench
der Bart	beard
die Bäuerin/der Bauer	farmer
der Baum	tree
das Bein	leg
der Berg	mountain
der Besen	broom
eine Betonmischmaschine	cement mixer
das Bett	bed
die Biene	bee
das Bild	picture, painting
die Binde	bandage
bitte	please
das Blatt	leaf
das Blumenbeet	flowerbed
der Blumentopf	flowerpot
die Brücke	bridge
der Bruder	brother
die Brust	chest
das Buch	book
der Bücherschrank	bookcase
die Bühne	stage
der Bulle	bull
der Bürgersteig	pavement
das Café	cafe, café
der Clown	clown
der Computer	computer
das Cowgirl	cowgirl
das Dach	roof
danke	thank you
der Daumen	thumb
der Delphin	dolphin
denken	think
Dezember	December
dick	fat
Dienstag	Tuesday
das Dominospiel	dominoes
Donnerstag	Thursday
das Dorf	village
der Drachen	kite
draußen	outside
das Dreirad	tricycle
drinnen	inside
drücken	push
dunkel	dark
durch	through
durstig	thirsty
die Dusche	shower
die Ehefrau	wife
das Eichhörnchen	squirrel
der Eimer	bucket
einfach	easy
das Eis	ice cream
der Eisbär	polar bear
der Eisberg	iceberg
der Ellbogen	elbow
eine Ente	duck
er	he
erster/erste/erstes	first
der Esel	donkey
das Essen	food
essen	eat
das Etagenbett	bunk
die Eule	owl
die Fabrik	factory
der Fahrer	driver
das Fahrrad	bicycle
fangen	catch
die Farbe	paint
das Faultier	sloth
Februar	February
das Federbett	duvet
das Feld	field
der Felsen	rock
das Fenster	window
der Fernseher	television
die Feuerwache	fire station
der Feuerwehrmann	firefighter
der Finger	finger
der Fisch	fish
der Fischer	fisherman
die Flagge	flag
die Flasche	bottle
die Fledermaus	bat
der Flughafen	airport
das Flugzeug	aeroplane
ein Fluß	river
folgen	follow
der Fotoapparat	camera
die Frau	wife; woman
Frau ...	Mrs ...
Fräulein ...	Miss ...
Freitag	Friday
der Frühling	spring
der Fuchs	fox
der Fuß	foot
der Fußball	football
der Fußballspieler/ die Fußballspielerin	footballer
der Fußboden	floor
die Gans	goose
die Garage	garage
der Garten	garden
die Gegensätze	opposites
gehorsam	obedient
das Geländer	railing
geradeaus	straight ahead
das Geschenk	present
geschlossen	closed
das Gesicht	face
gestern	yesterday
das Gewächshaus	greenhouse
gießen	pour
die Gießkanne	watering can
die Giraffe	giraffe
die Girlande	paper chain
die Gitarre	guitar
das Glas	glass
groß	big
die Gummistiefel	wellies/rubber boots
der Gürtel	belt
das Haar	hair
die Haarbürste	hairbrush
der Hahn	cock
der Hals	neck
das Halsband	collar
halten	hold
der Hamburger	hamburger
die Hand	hand
der Handschuh	glove
hängen	hang
hart	hard
das Haus	house
der Hausschuh	slipper
die Hecke	hedge
heiß	hot
hell	light
der Helm	helmet
das Hemd	shirt
die Henne	hen
der Herbst	autumn
Herr ...	Mr ...
heute	today
der Himmel	sky
hinauf	up
hinter	behind
der Hirsch	deer
hoch	high
der Hof	farmyard
die Höhle	cave
hören	listen
die Hose	trousers
das Hotel	hotel
der Hubschrauber	helicopter
der Hügel	hill
der Hühnerstall	hen house
der Hund	dog
hungrig	hungry
der Hut	hat
die Hütte	cottage
ich	I
in	inside, into
die Insel	island
die Jacht	yacht
das Jahr	year
die Jahreszeiten	seasons
Januar	January
der Jockei	jockey
die Jockeikappe	jockey's cap
ein Jogger	jogger
Juli	July
der Junge	boy
der junge Hund	puppy
Juni	June
der Kaktus	cactus
kalt	cold
das Kamel	camel
der Kamm	comb
der Kanal	canal
das Känguruh	kangaroo
das Kaninchen	rabbit
kaputtmachen	break
die Kapuze	hood
die Karte	card
die Kartoffelchips	crisps
die Katze	cat
der Keks	biscuit
der Kellner	waiter
die Kellnerin	waitress
die Kerze	candle
das Kind	child
die Kinder	children
das Kinn	chin
das Kino	cinema
die Kirche	church
das Kissen	pillow
das Klavier	piano
das Kleid	dress
der Kleiderbügel	hanger
klein	small
klettern	climb
die Klippe	cliff
der Knallbonbon	cracker
das Knie	knee
der Knöchel	ankle

der Koalabär	koala
die Köchin/der Koch	cook
ein Kontrollturm	control tower
der Kopf	head
der Körper	body
die Krawatte	tie
der Krebs	crab
der Kreisel	spinning top
die Küche	kitchen
der Kuchen	cake
die Küchenmaschine	food mixer
der Kuhstall	cowshed
die Kundin/der Kunde	customer
der Künstler/ die Künstlerin	artist
kurz	short
lächeln	smile
das Lamm	lamb
die Lampe	lamp
der Lampion	lantern
das Land	countryside
lang	long
langsam	slow
ein Lastkahn	barge
der Lastwagen	lorry
der Laternenpfahl	lamppost
laufen	run
der Läufer	rug
leer	empty
der Lehrer/die Lehrerin	teacher
das Lenkrad	steering wheel
der Leopard	leopard
lesen	read
letzter/letzte/letztes	last
der Leuchtturm	lighthouse
ein Lieferwagen	van
der Liegestuhl	deckchair
der Löffel	spoon
die Lokomotive	locomotive
der Löwe	lion
die Löwin	lioness
der Luftballon	balloon
ein Luftkissenfahrzeug	hovercraft
machen	do
das Mädchen	girl
Mai	May
der Mann	man
der Mantel	overcoat
die Marionette	puppet
März	March
die Maske	mask
die Mauer	wall
der Maurer	bricklayer
das Meer	sea
das Mikrophon	microphone
die Mistgabel	fork
mit	with
Mittwoch	Wednesday
das Mobile	mobile
der Monat	month
der Mond	moon
Montag	Monday
morgen	tomorrow
der Morgen	morning
der Morgenrock	dressing gown
das Motorboot	motorboat
die Motorhaube	bonnet
das Motorrad	motorbike
die Möwe	seagull
der Mund	mouth
die Muschel	shell
die Mutter	mother
der Nachmittag	afternoon
die Nacht	night
das Nachthemd	nightdress
nahe	near
die Nase	nose
das Nashorn	rhinoceros
naß	wet
neben	beside
neu	new
niedrig	low
die Noten	music
November	November
offen, öffnen	open
ohne	without
das Ohr	ear
Oktober	October
der Öltanker	oil tanker
die Osterglocke	daffodil
ein Paddel	paddle
Paddelboot	canoe
die Palette	palette
die Palme	palm tree
der Papagei	parrot
der Papierkorb	wastepaper basket
die Party	party
der Paient/ die Patientin	patient
der Pelikan	pelican
die Pfeife	whistle
das Pferd	horse
die Pflanze	plant
die Pflanzkelle	trowel
der Pflug	plough
Pforte	gate
die Pfütze	puddle
der Pilot	pilot
der Pinguin	penguin
der Pinsel	paintbrush
das Pony	pony
privat	private
der Pullover	jumper/sweater/pullover
das Puppenhaus	doll's house
das Puzzle	jigsaw
ein Rad	wheel
die Radfahrerin/ der Radfahrer	cyclist
das Radio	radio
der Rasen	lawn
der Rasenmäher	lawnmower
reden	talk
die Redewendung	phrase
das Regal	shelf, shelves
der Regen	rain
der Regenbogen	rainbow
der Regenmantel	raincoat
der Regenschirm	umbrella
ein Reifen	tyre
der Rettungsring	lifebelt
der Rettungs- schwimmer	lifeguard
der Ritter	knight
der Rock	skirt
die Röhre	pipe
die Rollschuhe	roller skates
der Rücken	back
der Rucksack	backpack
das Ruderboot	rowing boat
die Rutschbahn	slide
Samstag	Saturday
der Sand	sand
die Sandburg	sandcastle
der Sandkasten	sandpit
das Sandwich	sandwich
die Sängerin/ der Sänger	singer
der Sattel	saddle
ein Sattelschlepper	articulated lorry
sauber	clean
sauer	sour
die Schachtel	box
das Schaf	sheep
der Schal	scarf
die Schallplatte	record
die Schaufel	spade
der Schauspieler	actor
die Schauspielerin	actress
der Schemel	stool
die Scheune	barn
das Schiff	ship
die Schildkröte	tortoise
schlafen	sleep
das Schlafzimmer	bedroom
das Schlagzeug	drums
der Schlauch	hosepipe
das Schloß	castle
der Schmetterling	butterfly
schmutzig	dirty
der Schnee	snow
der Schneemann	snowman
schnell	fast
der Schornstein	chimney
schreiben	write
der Schubkarren	wheelbarrow
der Schuh	shoe
die Schülerin/ der Schüler	pupil
die Schultasche	satchel
die Schulter	shoulder
die Schüssel	bowl
der Schwanz	tail
das Schwein	pig
schwer	difficult
die Schwester	sister
das Schwimmbecken	swimming pool
der Seemann	sailor
der Seetang	seaweed
das Segel	sail
ein Segelflugzeug	glider
sehr	very
seicht	shallow
seilspringen	skip
September	September
der Sessel	armchair
die Schlange	snake
der Schlitten	sledge
der Schutzhelm	safety helmet
sie	she; they
sitzen	sit
die Socken	socks
das Sofa	sofa
der Soldat	soldier
der Sommer	summer
die Sonne	sun
der Sonnenschirm	umbrella
Sonntag	Sunday
der Spaten	spade
der Spiegel	mirror
spielen	play
die Spielzeugkiste	toy box
die Spinne	spider
springen	jump
das Springseil	skipping rope
die Spüle	sink
das Stachelschwein	porcupine

die Stadt town
die Staffelei easel
der Stamm trunk
die Statue statue
stehen stand
das Stethoskop stethoscope
der Strand beach
die Straße road
der Strauß ostrich
der Strohhalm drinking straw
die Strumpfhose tights
der Stuhl chair
die Stunde hour
suchen look for
der Supermarkt supermarket
das Surfbrett surfboard
der Surfer/die Surferin surfer
süß sweet

eine Tafel Schokolade bar of chocolate
der Tag day
die Tankstelle petrol station
die Tasche pocket
der Taschenkalender diary
die Taschenlampe torch
das Taschentuch handkerchief
der Teddybär teddy bear
die Telefonzelle telephone box
der Teller plate
tief deep
der Tiger tiger
der Tisch table
die Tochter daughter
die Toilette lavatory
das Tor goal
tot dead
tragen carry
der Traktor tractor
treffen hit
die Treppe staircase
treten kick
trinken drink
trocken dry
die Tür door

über over
die Uhr clock
und and
ungezogen naughty
unter under; among
das Unterhemd vest
die Unterhose underpants

der Vater father
die Verkäuferin/der Verkäufer shop assistant
der Verkehr traffic
der Vogel bird
die Vogelscheuche scarecrow
voll full
vor in front of
der Vorhang curtain
der Vormittag morning

der Wackelpudding jelly
der Wagen carriage
der Wald wood
die Wandtafel blackboard
die Wange cheek
wann? when?
warm warm
warum? why?
das Waschbecken washbasin
der Wasserball beach ball
der Wecker alarm clock
der Weg path
der Wegweiser signpost
weich soft
weinen cry
weit far
die Welle wave
werfen throw
das Wetter weather
die Wiese field
der Wind wind
die Windmühle windmill
die Windschutzscheibe windscreen
der Winter winter
die Wippe seesaw
wir we
wo? where?
die Woche week
die Wohnungen flats
ein Wohnwagen caravan
das Wohnzimmer sitting room
der Wolf wolf
die Wolke cloud
der Wolkenkratzer skyscraper
wollen want
ein Wort word

die Zähne teeth
das Zebra zebra
die Zehe toe
zehn ten
ein Zeitungshändler newsagent
ein Zelt tent
Zentrum town centre
zerreißen tear
die Ziege goat
der Ziegelstein brick
ziehen pull
die Zitrone lemon
der Zug train
die Zügel reins
die Zunge tongue
zuschauen watch

Counting, shapes, colours
Zahlen, Formen, Farben

one grey elephant
ein grauer Elefant

two red shoes
zwei rote Schuhe

three brown mice
drei braune Mäuse

four blue jeans
vier Bluejeans

five green frogs
fünf grüne Frösche

six purple butterflies
sechs lila Schmetterlinge

seven white swans
sieben weiße Schwäne

eight black cats
acht schwarze Katzen

thirty ice creams
dreißig Eis

pink
rosa

black
schwarz

purple
lila

red
rot

blue
blau

yellow
gelb

green
grün

brown
braun